おいしく
つくろうよ

東海林明子

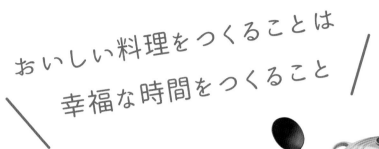

おいしい料理をつくることは
幸福な時間をつくること

みなさん、おいしいもの、たべていますか。

おいしく、のんでいますか。

そして、おいしく、つくっていますか。

家で料理をつくることは当たり前のことだと思っていました。

ところが昨今、ステイホームという言葉とともに、

家で料理をつくらなければならない、

何をつくっていいか分からないといった声が聞こえ始めました。

一方ではお菓子やパンなど手づくりに凝っているという人も増えたようです。

インターネットの世界では、投稿レシピ、レシピ動画などが大人気です。

いろいろな意味で家庭料理が注目されていることを感じます。

だったら家で料理づくりを楽しむための本を出そうかな、と思い立ちました。

前回の本は十数年前のこと。

その間もずっと料理研究家として仕事をさせていただいていますが、

社会も、私の周りも、いろいろと変化しました。

そうした変化も含めて1冊にまとめられたらと考えました。

デジタル時代に本ですか？　などとおっしゃらず、ページをめくってみてください。

そして気になるレシピがありましたら、ぜひつくってみてください。

おいしく食べることで幸福になれるのはもちろん、

まずは、つくることで幸福になれるんですから。

2021年6月　　　　　　　　　　　　　　　　　　　　　　　　　東海林明子

おいしくつくろうよ

※各レシピの材料は、「2人分」を基本に料理のつくりやすさを考えて「4人分」または「個数」、常備菜の場合は「作りやすい分量」となっています。ご注意ください。
※材料の分量はg数だけでなく、個数や枚数、cmなどの表記もありますが、平均的な大きさを基準としています。大きさや水分の状況によって若干異なりますので、様子を見ながら調味料や加熱時間を加減してください。
※オーブンは電気を使用しています。電子レンジは600Wの設定で使用しています。機種によって仕上がりが異なりますので、加熱時間を調整してください。

いつもの食卓を簡単においしく

簡単なレシピをお願いしますとか、時短料理を教えてくださいといった仕事の依頼が多くなったような気がします。忙しい世の中ですから、仕方ありません。でも手抜きと思われてはいけないと思います。おいしくて仕上がりもきれいな簡単料理。いうなれば「ちょっぴりだけ手抜き料理」をご紹介します。

| Apron Collection 02 |

料理教室では胸当て付きのエプロンをします。これはお嫁さんがつくってくれたもの。ひもの部分に黒を使っているのがおしゃれポイントです。

黒こしょうたっぷりのひと皿
カブは火が通りやすいので
生のまま炒めても大丈夫

カブと牛肉の黒こしょう炒め

材料（2人分）

カブ ・・・・・・・・・・・・・・・・・2個

牛肉（厚切り）・・・・・・・・・160g

塩、こしょう ・・・・・・・・・各少々

小麦粉 ・・・・・・・・・・・・・・適量

ニンニク ・・・・・・・・・・・・・1片

サラダ油 ・・・・・・・・・・・・適量

バター ・・・・・・・・・・・・・・10g

A ┌ 塩 ・・・・・・・・・・・小さじ1/3

　 └ しょうゆ ・・・・・・・小さじ1/2

粗挽き黒こしょう ・・・・・・・適量

作り方

1 カブは茎を2cmほど残して切り落とし、
　 皮をむかずに8等分のくし形に切る。

2 牛肉はひと口大に切って塩、こしょうを振り、
　 小麦粉を薄く付ける。

3 ニンニクはつぶしてフライパンに入れ、
　 サラダ油を加えて弱火にかける。色付いてきたら
　 ②を入れて強火で炒める。

4 肉の色が変わったら①を入れて炒め、
　 しんなりしてきたらバターを加えてひと混ぜする。

5 Aで味付けをして黒こしょうをたっぷり振る。

大根のぎょうざ風

材料（2人分）

大根	150g

A
干しシイタケ（戻しておく）	2枚
ショウガ	1片
ニンニク	1片
長ネギ	15cm

豚挽き肉	150g

B
しょうゆ	小さじ1
酒	小さじ1
ゴマ油	小さじ1/2

片栗粉	適量
サラダ油	適量
ポン酢	適量

作り方

1 大根は皮をむかずに薄い輪切りにし、
　ざるに広げて4、5時間干す。

2 Aはそれぞれみじん切りにする。

3 ボウルに豚挽き肉とBを入れて粘りが出る
　まで練り、②を混ぜる。

4 ①の大根の片面（内側）に片栗粉を
　薄く付け、③をのせて半分に折る。

5 フライパンにサラダ油を熱して④を並べ、
　両面にこんがりと色が付くまで焼く。
　水を適量加えてふたをし、
　肉に火が通るまで蒸し焼きする。

6 器に盛ってポン酢を添える。

ニンニクの香りをきかせて
食欲のわくひと皿に仕上げました

タコとナスのガーリック炒め

材料（2人分）

ゆでダコ ・・・・・・・・・・・・・・150g
ナス ・・・・・・・・・・・・・・・2個
サラダ油 ・・・・・・・・・・・・・適量
ニンニク ・・・・・・・・・・・・・2片
A ⌈ 塩 ・・・・・・・・・小さじ1/2
　 ⌊ こしょう ・・・・・・・・・・少々
セルフィーユ ・・・・・・・・・・・適量

作り方

1 ゆでダコは2cmぐらいのブツ切りにする。

2 ナスはヘタを取り、ピーラーで皮を縞にむいて
　1cmの輪切りにし、さっと水にさらす。
　水気をふき取っておく。

3 フライパンにサラダ油とつぶしたニンニクを入れて
　弱火にかけ、ニンニクが色づいてきたら取り出す。

4 ③に②のナスを入れて両面をしっかりと焼く。
　ニンニクを戻し入れ、Aを振り、①のタコを加えて
　サッと炒める。

5 器に盛ってセルフィーユをちぎって散らす。

お得な肉がごちそうメニューに
やわらかく揚がるので食べやすい

丸めた肉のから揚げ

材料（2人分）

豚肉（こま切れ）・・・・・・・250g

A ┌ しょうゆ ・・・・・・・・小さじ1
  │ 酒・・・・・・・・・・・小さじ1/2
  └ みりん・・・・・・・・・小さじ1/2

片栗粉、揚げ油 ・・・・・・・各適量

長ネギ（白い部分）・・・・・10cm

ザーサイ・・・・・・・・・・・・・10g

B ┌ しょうゆ ・・・・・・・・大さじ1
  │ 酢・・・・・・・・・・・・小さじ2
  └ 砂糖・・・・・・・・・・・小さじ1

ベビーリーフ ・・・・・・・・・・適量

作り方

1 豚肉はAをもみ込んで15分ほどおく。

2 ①を12等分して丸め、片栗粉を薄く付けて
　180度の油で揚げる。

3 長ネギとザーサイはみじん切りにする。

4 合わせたBに③を混ぜる。

5 器に②を盛って④のたれをかけ、ベビーリーフを
　添える。

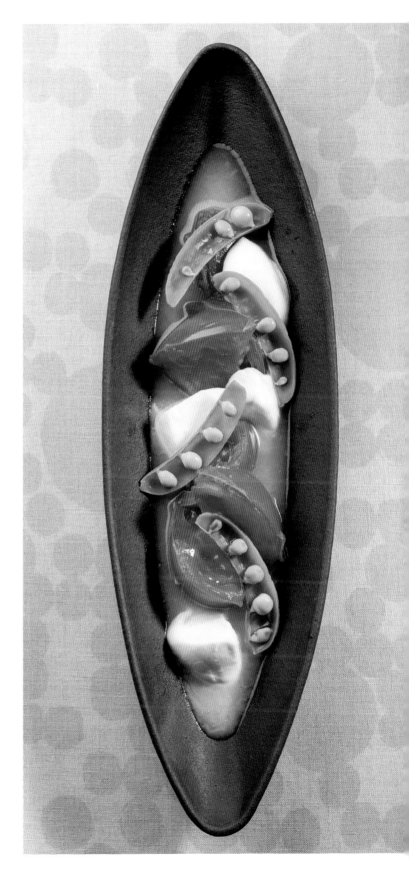

トマトと
モッツアレラの煮びたし

材料（2人分）

トマト（大きめ）・・・・・・・・・・・1個

モッツアレラチーズ・・・・・1個（100g）

A ┌ だし汁・・・・・・・・・・・2/3カップ
  │ 酒・・・・・・・・・・・・・・小さじ2
  │ みりん・・・・・・・・・・・・小さじ2
  │ しょうゆ・・・・・・・・・・小さじ2/3
  └ 塩・・・・・・・・・・・・・・・・少々

スナップエンドウ・・・・・・・・・・・4本

作り方

1 トマトはヘタを取り、8等分のくし形に切る。

2 モッツアレラチーズも8等分に切る。

3 鍋にAを入れて煮立て、①を入れて煮る。
　 トマトの皮がむけてきたら②を加えて軽く煮る。

4 スナップエンドウは筋を取ってゆで、
　 粗熱が取れたらさやを開く。

5 ③を器に盛って煮汁をかけ、④を散らす。

ホッキのサラダ

材料（2人分）

ホッキ（刺身用むき身）‥‥‥‥2個
オリーブ油 ‥‥‥‥‥‥‥‥適量
グレープフルーツ‥‥‥‥‥‥1/2個
スナップエンドウ ‥‥‥‥‥‥2本

A ┌ オリーブ油 ‥‥‥‥‥大さじ2
  │ 白ワインビネガー ‥‥‥大さじ1
  │ レモン汁‥‥‥‥‥‥‥小さじ2
  └ 塩、こしょう ‥‥‥‥‥各少々

作り方

1 ホッキは食べやすく切り、
  オリーブ油でさっと炒める。

2 グレープフルーツは房から出し、
  厚みを半分に切る。

3 スナップエンドウは筋を取って塩ゆでし、
  斜めに切る。

4 ボウルにAを入れて混ぜ、①②③を入れて
  さっとあえる。

アクセント素材を
プラスして目新しさを

フルーツを合わせました
食べる直前にあえてください

サラミ入りコールスロー

材料（2人分）

キャベツ‥‥‥‥‥‥‥‥‥200g
サラミ ‥‥‥‥‥‥‥‥‥‥25g

A ┌ マヨネーズ‥‥‥‥‥大さじ2
  │ サラダ油 ‥‥‥‥‥‥小さじ2
  │ レモン汁 ‥‥‥‥‥‥小さじ1
  └ 塩、こしょう ‥‥‥‥各少々
粗挽き黒こしょう ‥‥‥‥‥‥適量

作り方

1 キャベツは芯の硬い部分を
  切り取ってせん切りにする。

2 サラミは細切りにする。

3 ボウルにAを入れてよく混ぜ、
  ①②を入れてあえ、黒こしょうを
  たっぷり散らす。

Ｗイモのホットサラダ

材料（2人分）

ジャガイモ	2個
長イモ	100g
コンビーフ	40g
サラダ油	適量
白ワインビネガー	大さじ1
A バター	10g
塩、こしょう	各少々
B プレーンヨーグルト	大さじ2
マヨネーズ	大さじ1
白ワインビネガー	小さじ2
塩、こしょう	各少々
パセリ（みじん切り）	適量

作り方

1 ジャガイモは皮をむいて厚さ7、8mmの輪切りにし、水にさらして水気をふき取る。

2 長イモは皮をむいて厚さ7、8mmの輪切りにする。

3 コンビーフはざっくりほぐしておく。

4 フライパンにサラダ油を熱し、①を入れて両面を焼く。焼き色が付いたら白ワインビネガーを加えてふたをし、5分ほど蒸し焼きする。

5 ②を加えてさらに5分ほど蒸し焼きする。

6 ③も入れて炒め合わせ、Aを加えてひと混ぜする。

7 ボウルにBを入れてよく混ぜる。

8 器に⑥を盛って⑦をかけ、パセリを散らす。

2種類のイモを使っています
冷めないうちに召し上がってください

キュウリと豚肉の炒めもの

材料（2人分）

キュウリ・・・・・・・・・・・・・・・2本
塩・・・・・・・・・・・・・・・小さじ2/3
豚もも肉（薄切り）・・・・・・・80g
A ┌ 酒・・・・・・・・・・・・・小さじ1
　│ しょうゆ・・・・・・・・・小さじ1
　└ 粗挽き黒こしょう・・・・・少々
片栗粉・・・・・・・・・・・・・小さじ1
サラダ油・・・・・・・・・・・・・適量
B ┌ 酒・・・・・・・・・・・・・大さじ2
　│ しょうゆ・・・・・・・・・大さじ1
　└ 水・・・・・・・・・・・・・大さじ2

作り方

1 キュウリは幅1.5cmの輪切りにしてボウルに入れ、
　分量の塩を加えてまんべんなくもみこみ、
　10分ほどおく。

2 豚もも肉は幅2cmに切ってAを混ぜ、片栗粉を加えて
　全体にからめる。

3 ①のキュウリの水気を絞る。

4 フライパンにサラダ油を熱し、②を入れて炒める。
　色が変わってきたら③を入れて軽く炒め、
　Bを加えて少しとろみがつくまで炒める。

濃い味付けにも負けないカキの旨み
これはお酒がすすみます

カキのコチュジャン炒め

材料（2人分）

カキ（むき身） ・・・・・・・・	170g
片栗粉 ・・・・・・・・・・・・	適量
ニラ ・・・・・・・・・・・・・	50g
サラダ油 ・・・・・・・・・・・	少々
A ┌ コチュジャン ・・・・・・・	小さじ1
│ オイスターソース ・・・・	小さじ1
│ 酒 ・・・・・・・・・・	小さじ1
└ 砂糖 ・・・・・・・・・・	小さじ1
ゴマ油 ・・・・・・・・・・・・	少々

作り方

1 沸騰したお湯にカキを入れ、30秒ゆでて取り出す。
水気をふき取って片栗粉を薄く付ける。

2 ニラは4cmに切る。

3 フライパンにサラダ油を熱して①を入れ、
こんがりと色が付くまで強火で両面を焼く。

4 弱火にして合わせたAを加えてからめ、②を入れて
さっと炒め、ゴマ油をたらす。

ちょっとしたおつまみや
お弁当に便利
麺類やチャーハンの具にも使えます

牛肉の甜麺醤煮

材料（作りやすい分量）

牛もも肉（かたまり）・・・・・・300g

ショウガ・・・・・・・・・・・・・・1片

サラダ油 ・・・・・・・・・・・・・少々

甜麺醤 ・・・・・・・・・・・・・・大さじ2

A
しょうゆ ・・・・・大さじ1と1/2
酒 ・・・・・・・・・・・・大さじ1
水 ・・・・・・・・・・・・大さじ2
鶏がらスープの素・・・小さじ1/2
砂糖 ・・・・・・・・・・・・小さじ2

作り方

1 牛もも肉は長さ5cmの細切り、ショウガはせん切りにする。

2 フライパンにサラダ油を熱し、①を入れて炒める。
肉の色が変わったらいったん取り出す。

3 ②のフライパンに甜麺醤を入れて軽く炒め、Aを加える。

4 煮立ったら②の肉を戻し、混ぜながら煮汁がなくなるまで
煮る。

5 器に盛り、ショウガのせん切り（分量外）をのせる。

キュウリの佃煮

材料（作りやすい分量）

キュウリ ・・・・・・・・・・・・・500g
塩 ・・・・・・・・・・・・・・・大さじ1
ショウガ ・・・・・・・・・・・・20g
赤唐辛子 ・・・・・・・・・・・・1本

A ┌ しょうゆ ・・・・・・・・大さじ2
  │ 砂糖 ・・・・・・・・・・大さじ2
  │ 酢 ・・・・・・・・・・・大さじ3
  └ みりん ・・・・・・・・・大さじ1

塩昆布 ・・・・・・・・・・・・・10g
白ゴマ ・・・・・・・・・・・・・適量

作り方

1 キュウリは小口切りにして分量の塩をもみこみ、
  冷蔵庫に入れてひと晩おく。

2 ショウガはせん切りに、赤唐辛子は種を取って
  小口切りにする。

3 フライパンにAを入れて煮立たせ、②を入れる。

4 ①のキュウリの水気を絞って加え、強火で汁気が
  なくなるまで炒り煮する。

5 仕上げに塩昆布と白ゴマを混ぜる。

これこそ後を引くおいしさ
ごはんやお茶漬けに最高です

皮を湯むきしているので
味がしみています
お口直しやカレーの薬味に

ミニトマトのピクルス

材料（作りやすい分量）

ミニトマト ・・・・・・・・・・・400g

A ┌ 酢 ・・・・・・・・・・・1/2カップ
  │ 砂糖 ・・・・・・・・・・大さじ2
  │ 塩 ・・・・・・・・・・・小さじ1/3
  │ 黒こしょう（粒）・・・・・・8粒
  └ ローレル ・・・・・・・・・1、2枚

水 ・・・・・・・・・・・・・・・1カップ

作り方

1 ミニトマトはヘタを取り、皮を湯むきする。

2 耐熱のボウルにAを入れ、ラップをかけず
  電子レンジで1分加熱する。砂糖が溶けるまで
  よく混ぜる。

3 ②に水を加えて混ぜ、①のトマトを漬ける。

一見ふつうの卵焼きですが、長イモのおかげでふんわりと仕上がります

長イモのふんわり卵焼き

材料（2人分）

長イモ ・・・・・・・・・・・80g
小ネギ ・・・・・・・・・・・2本
卵 ・・・・・・・・・・・・・3個
A ┌ 塩 ・・・・・・・・・小さじ1/3
　 │ 酒 ・・・・・・・・・大さじ1
　 └ みりん ・・・・・・・小さじ1
桜エビ ・・・・・・・・・・・4g
サラダ油 ・・・・・・・・・・適量

作り方

1 長イモは皮をむき、小ネギは小口切りにする。

2 ボウルに卵を溶きほぐし、長イモをおろしながら加えて混ぜる。

3 Aを加えて混ぜ、桜エビと小ネギを加える。

4 卵焼き器にサラダ油を熱し、③を2、3回に分けて流し、巻きながら焼く。

変わりきんぴら

材料（2人分）
ゴボウ・・・・・・・・・・・・・100g
アーモンド・・・・・・・・・・・12粒
牛肉（切り落とし）・・・・・・・80g
ゴマ油・・・・・・・・・・・・大さじ1
A［
しょうゆ・・・・・・・・・大さじ1
酒・・・・・・・・・・・・大さじ1
みりん・・・・・・・・・・小さじ2
砂糖・・・・・・・・・・・小さじ1
ニンニク（すりおろし）・・・1片分
コチュジャン・・・・・・大さじ1/2
］

作り方

1 ゴボウは包丁の背で皮をこそげ、
　細長い乱切りにし、水にさらして水気をきる。

2 鍋にお湯を沸かし、①を下ゆでしてザルに上げる。

3 アーモンドは粗く刻み、牛肉はザク切りにする。

4 フライパンにゴマ油を熱し、②を入れて炒め、
　火が通ったら牛肉を加えて炒める。

5 Aを加えて混ぜ、アーモンドを加える。

マーマレードポテサラ

材料（2人分）
ジャガイモ・・・・・・・・・・・300g
A［
酢・・・・・・・・・・・・小さじ1
サラダ油・・・・・・・・・小さじ1
塩、こしょう・・・・・・・・各少々
］
キュウリ・・・・・・・・・・・・1/2本
塩・・・・・・・・・・・・・・・少々
B［
マヨネーズ・・・・・・・・大さじ3
マーマレード・・・・大さじ1と1/2
］

作り方

1 ジャガイモは皮をむいて2、3cm角に切り、
　ゆでる。やわらかくなったらゆで汁をきり、
　再び火にかけて水分を飛ばす。
　熱いうちにAをふりかけ、軽くつぶす。

2 キュウリは小口切りにし、塩をまぶして
　10分ほどおき、水洗いして水気を絞る。

3 ボウルにBを合わせ、①②を入れて混ぜる。

肉も入ったボリュームのあるきんぴら
アーモンドが香ばしい

マーマレードで甘さと爽やかさをプラス
いつもとは違うポテトサラダになります

チーズ焼きレンコン

材料（4人分）

レンコン ・・・・・・・・・・・・・・10cm

スライスチーズ ・・・・・・・・・・2枚

紫玉ネギ ・・・・・・・・・・・・1/2個

小麦粉・・・・・・・・・・・・・・適量

オリーブ油・・・・・・・・・・・・適量

タイム・・・・・・・・・・・・・・適量

作り方

1 レンコンは皮付きのまま洗って水けをふき、16枚に切る。

2 スライスチーズは十文字に切り、紫玉ネギは8枚の
薄い輪切りにする。

3 ①のレンコンの片面（内側）に小麦粉を薄く付け、
レンコン2枚でチーズと紫玉ネギを挟む。

4 フライパンにオリーブ油を熱し、③を入れて焼き色が
付くまで両面を焼く。

5 焼き上がる少し前にフライパンの空いているところに
タイムを入れて香りを移す。

6 器に盛り、オリーブ油を振りかける。

白いんげん豆のタラコあえ

材料（4人分）
タラコ ・・・・・・・・・・・・・・・・45g
バター ・・・・・・・・・・・・・・・・10g
オリーブ油 ・・・・・・・・・・・大さじ1
白いんげん豆（水煮）・・・・・150g
塩、こしょう ・・・・・・・・・各少々
小ネギ ・・・・・・・・・・・・・・・少々

作り方
1 タラコは薄皮を取り除く。
2 耐熱ボウルにバターを入れ、電子レンジで20〜30秒
  加熱して溶かし、オリーブ油を加えて混ぜる。
3 ②のボウルに①を入れて混ぜ、白いんげん豆を加え、
  塩、こしょうを振ってあえる。
4 器に盛って斜め切りにした小ネギをのせる。

ズッキーニのバジルマリネ

材料（4人分）
ズッキーニ ・・・・・・・・・・・・・・2本
　┌ 白ワインビネガー ・・・ 大さじ1と1/2
A │ オリーブ油 ・・・・・・・・・・・大さじ3
　│ バジルソース ・・・・・・・・ 大さじ2
　└ 塩、こしょう ・・・・・・・・・・・少々
バジルの葉 ・・・・・・・・・・・・・・適量

作り方
1 ズッキーニはヘタを取って長さを半分に切り、
  縦に6等分の棒状に切る。
2 ①を魚焼きグリルで焼き色が付くまで焼き、
  バットに並べる。
3 ②に混ぜ合わせたAをかけてひと混ぜし、
  室温に20〜30分おく。
4 器に盛ってバジルの葉を添える。

豆は冷凍やパック詰めなどお好きなもので
紅白の色合いがきれいです

市販のバジルソースを使うので手軽
イタリア風のお惣菜のでき上がり！

長イモのマスタード炒め

材料（2人分）
長イモ ・・・・・・・・・・・・・・・150g
玉ネギ ・・・・・・・・・・・・・・・50g
パプリカ（赤）・・・・・・・・・・1/3コ
ウインナーソーセージ ・・・・・80g
オリーブ油 ・・・・・・・・・・大さじ1
粒マスタード ・・・・・・・・大さじ2
しょうゆ・・・・・・・・・・・・大さじ1
パセリ（みじん切り）・・・・・・適量

作り方
1 長イモは皮をむいて厚さ1.5cmのいちょう切りにする。
2 玉ネギとパプリカはそれぞれ1cm角に切り、
  ウインナーソーセージは厚さ1.5cmの輪切りにする。
3 フライパンにオリーブ油を熱し、中火で長イモと
  ソーセージを炒める。
4 焼き色が付いたら玉ネギとパプリカを入れて炒め、
  玉ネギが少し透き通ってきたら粒マスタードも加えて
  炒め合わせる。仕上げにしょうゆを鍋肌から回し入れて
  ひと混ぜする。
5 器に盛ってパセリを散らす。

たっぷり使った粒マスタード
塩味や酸味の味付けにもなります

アップルシュガー トースト

材料（2枚分）
リンゴ・・・・・・・・・・・・1/2個
レモン汁・・・・・・・・・小さじ1
バター・・・・・・・・・・・・15g
食パン・・・・・・・・・・・・2枚
グラニュー糖 ・・・・・・大さじ1

作り方
1 リンゴは芯を取り、薄い半月切りにして
　レモン汁をまぶす。
2 バターは室温に戻しておき、食パンに塗る。
3 ②に①を並べてグラニュー糖を全体に振る。
4 オーブントースターで焼く。

りんごをごく薄く切るのがポイント
スイーツ風のトーストです

キャベツトースト

材料（2枚分）
キャベツ ・・・・・・・・・・・80g
ロースハム・・・・・・・・・・2枚
食パン・・・・・・・・・・・・2枚
マヨネーズ・・・・・・・・大さじ2
ピザ用チーズ ・・・・・・・・40g

作り方
1 キャベツはせん切りにし、水気を取る。
　ロースハムは細切りにしてキャベツと
　混ぜ合わせる。
2 食パンに①をのせてマヨネーズを細くかけ、
　ピザ用チーズを全体に散らす。
3 オーブントースターでチーズが溶けるまで焼く。

おかずをのっけてトースト
サンドイッチより簡単ですよ

鮭のゆずこしょう飯

材料（4人分）

甘塩鮭 ・・・・・・・・・・・・2切れ

A ┌ ゆずこしょう ・・・・・・10g
　└ みそ ・・・・・・・・・・・40g

米・・・・・・・・・・・・・2合

だし汁・・・・・・・・・・・350ml

ミツバ・・・・・・・・・・・10本

作り方

1 甘塩鮭は骨を取り除き、キッチンペーパーで水気をふく。

2 Aを混ぜ合わせ①の鮭の両面に塗り、ラップに包んで
　冷蔵庫に入れ、1、2時間おく。

3 米は洗い、たっぷりの水に30分ほどつけ、
　水気をきって鍋に移し、だし汁を入れる。

4 ③の米の上に②を重ならないようにのせて炊く。

5 鮭をほぐしてご飯と混ぜ、3cmに切ったミツバを散らす。

みそ漬けにしておいた鮭をのせて炊くだけ
なんとも味わい深い炊き込みごはんです

北海道らしさ満点の
おかずみそ汁
ホッケの旨みが出ています

毎日のことだから
たまには変わりみそ汁を
洋風の具材もばっちり合います

ホッケ団子汁

材料（2人分）
ホッケすり身 ・・・・・・・・・・・・200g

A
| みそ ・・・・・・・・・・・・・・・小さじ1
| ショウガ（すりおろし）・・・1片分
| 片栗粉 ・・・・・・・・・・・・・大さじ2

長ネギ ・・・・・・・・・・・・・・・10cm
水 ・・・・・・・・・・・・・2と1/2カップ
みそ ・・・・・・・・・・・・・・・・・30g

B
| 酒 ・・・・・・・・・・・・・・・・小さじ2
| 和風だしの素 ・・・・・・・・・小さじ1

一味唐辛子 ・・・・・・・・・・・・・少々

作り方
1 ボウルにホッケのすり身を入れ、Aを加えて練り混ぜる。
2 長ネギは縦半分に切ってから斜め切りにする。
3 鍋に分量の水を入れて沸騰させ、①をスプーンなどで
　丸めながら入れる。
4 火が通ったらみそを溶き入れ、Bを加えて②を散らす。
　好みで一味唐辛子を振る。

焼きピーマンのみそ汁

材料（2人分）
ピーマン・・・・・・・・・・・・・・・2個
ベーコン・・・・・・・・・・・・・・・1枚
ミニトマト ・・・・・・・・・・・・・4個
ミョウガ・・・・・・・・・・・・・・・2個
だし汁 ・・・・・・・・・・・・2カップ
オリーブ油・・・・・・・小さじ1/2
みそ・・・・・・・・・・・・・・・・・20g

作り方
1 ピーマンはヘタと種を取って幅1cmに切り、
　ベーコンも幅1cmに切る。
2 ミニトマトはヘタを取って半分に切り、
　ミョウガは縦に薄切りにする。
3 鍋にオリーブ油を熱して①を炒め、
　ミニトマトを加えてさっと炒める。
4 だし汁を入れ、煮立ったらみそを溶き入れて
　ミョウガを散らす。

人気のサバ缶でカレーをつくったら大好評。
白いごはんにも、ナンやパンにも合います

サバ缶のキーマカレー

材料（2人分）

米	・・・・・・・・・・・・・・・	1合
A	ターメリック ・・・・・・・	小さじ1/4
	サラダ油 ・・・・・・・・・	小さじ1
玉ネギ	・・・・・・・・・・・	60g
ショウガ	・・・・・・・・・	1片
ニンニク	・・・・・・・・・	1片
ニンジン	・・・・・・・・・	30g
ピーマン	・・・・・・・・・	1個
サラダ油	・・・・・・・・・	小さじ2
カレー粉	・・・・・・・・・	小さじ2
小麦粉	・・・・・・・・・・	小さじ2
B	水 ・・・・・・・・・・・	3/4カップ
	トマト水煮缶（カット） ・・・・・	100g
	固形コンソメ ・・・・・・・・	1個
サバ水煮缶	・・・・・・・・	180g
C	ケチャップ ・・・・・・・・・	小さじ2
	ウスターソース ・・・・・・・	小さじ1
イタリアンパセリ	・・・・・・・・・・	適量

作り方

1 米は洗って30分ほど水につけ、Aを加えて
　炊く。
2 玉ネギは粗みじん切り、ショウガと
　ニンニクはみじん切りにする。
3 ニンジンとピーマンは粗みじん切りにする。
4 鍋にサラダ油を熱して②を炒め、キツネ色に
　なってきたら③を加えて炒める。
5 カレー粉を入れて炒め、香りが出てきたら
　小麦粉を加えてさらに炒める。
6 Bを入れて混ぜ、煮立ったらサバ水煮を汁ごと
　加える。弱火で煮込み、とろみが付いたら
　Cを入れてひと混ぜする。
7 器に①を盛って⑥をかけ、
　イタリアンパセリを添える。

エスニックそうめん

材料（2人分）

エビ（無頭）・・・・・・・・・・8尾
チンゲンサイ・・・・・・・・3、4枚
セロリ（茎の部分）・・・・・1/2本
ニンジン・・・・・・・・・・・・30g
水・・・・・・・・・・・・・・4カップ
A ┌ 鶏がらスープの素・・・小さじ1
  │ しょうゆ・・・・・・・・小さじ2
  │ 酒・・・・・・・・・・・大さじ1
  │ 豆板醤・・・・・・・小さじ1弱
  │ 砂糖・・・・・・・・・小さじ1/2
  │ 塩・・・・・・・・・・小さじ1/3
  └ ゴマ油・・・・・・・・・小さじ1
そうめん・・・・・・・・・・・150g
レモン汁・・・・・・・・・・小さじ2

作り方

1 エビは背ワタを取り、尾を残して殻をむく。
2 チンゲンサイは葉と茎に分け、葉はザク切り、
  茎はそぎ切りにする。
3 セロリは斜め切り、ニンジンは短冊切りにする。
4 鍋に分量の水を入れて煮立て、Aを加えて①、
  ②の茎と③を入れて煮る。
5 野菜に火が通ったらそうめんを鍋の縁に沿って広げながら
  入れて2分ほど煮込み、仕上げに②の葉を加える。
6 火を止めてレモン汁をたらす。

甘みも酸味もあるタイ風の味付け
お気に入りの麺料理です

簡単マカロニグラタン

材料（2人分）

むきエビ ・・・・・・・・・・・・・・60g
玉ネギ ・・・・・・・・・・・・・1/4個
バター・・・・・・・・・・・・・・・10g

A
┌ 牛乳 ・・・・・・・・1と1/2カップ
│ 水 ・・・・・・・・・・・130ml
│ 顆粒コンソメ ・・・・・・・・小さじ1
└ ニンニク（すりおろし）・・・・1片分

マカロニ（早ゆでタイプ）・・・・100g
塩、こしょう ・・・・・・・・・・各少々
ピザ用チーズ ・・・・・・・・・・・30g

作り方

1 むきエビは背わたを取り、大きいものは半分に切る。

2 玉ネギはせん切りにする。

3 フライパンにバターを溶かし、②を入れて
  焦がさないように炒める。

4 しんなりしたらAを入れ、煮立ったらマカロニを加えて
  時々混ぜながら煮る。

5 マカロニが軟らかくなったら①を入れる。
  火が通ったら塩、こしょうを加える。

6 耐熱容器に入れてピザ用チーズを散らす。

7 220度に予熱しておいたオーブンで15分ほど焼く。

ホワイトソースはつくらず
マカロニもゆでず
でもちゃんとおいしいグラタンです

何もしていないんですが……
みんなが好きと言ってくれます

混ぜるだけのパスタをもう1品
のりをたっぷり使うのがポイントです

おかかマヨスパゲティ

材料（2人分）
スパゲティ ・・・・・・・・・・・・・160g
塩 ・・・・・・・・・・・・・・・・・・適量
ミツバ ・・・・・・・・・・・・・・・4、5本
A ┌ マヨネーズ ・・・・・・・・大さじ2
　│ しょうゆ・・・・・・・・・・小さじ2
　└ こしょう・・・・・・・・・・・・少々
削り節・・・・・・・・・・・・・・・・8g

作り方
1 スパゲティは塩を入れてゆで始める。
2 ミツバは2、3cmに切る。
3 ボウルにAと削り節の半量を入れて混ぜる。
4 ①がゆで上がったら③に入れてよくあえる。
　 器に盛って残りの削り節と②を散らす。

長イモとのりのパスタ

材料（2人分）
パスタ（平打ち）・・・・・・・・・・160g
塩 ・・・・・・・・・・・・・・・・・・適量
長イモ・・・・・・・・・・・・・・・100g
焼きのり ・・・・・・・・・・・・・・2枚
バター・・・・・・・・・・・・・・・10g
昆布茶 ・・・・・・・・・・・・・小さじ1
小ネギ ・・・・・・・・・・・・・・・適量
粉チーズ ・・・・・・・・・・・・小さじ2

作り方
1 パスタは塩を入れてゆで始める。
2 長イモは皮をむいてポリ袋に入れ、麺棒で叩く。
3 焼きのりは2cm角にちぎってボウルに入れ、
　 バターと昆布茶を加える。①のゆで汁を
　 カップ1/4とって加え、よく混ぜる。
4 ①がゆで上がったら③に入れ、②を加えてあえる。
5 器に盛って小口切りにした小ネギと粉チーズを振る。

納豆と厚揚げの
チャーハン

材料（2人分）

納豆 ・・・・・・・・・・・・・・・	1パック
小麦粉 ・・・・・・・・・・・・・・・	適量
しょうゆ ・・・・・・・・・	小さじ1/2
厚揚げ ・・・・・・・・・・・・	100g
長ネギ ・・・・・・・・・・・・・	5cm
ショウガ ・・・・・・・・・・・	1片
ニラ ・・・・・・・・・・・・・・	4本
卵 ・・・・・・・・・・・・・・・	1個
温かいごはん ・・・・・・・・・	300g
A 塩 ・・・・・・・・・・	小さじ1/3
酒 ・・・・・・・・・・・	大さじ1/2
オイスターソース ・・・・	小さじ1
サラダ油 ・・・・・・・・・・・・・	適量

作り方

1 納豆はボウルに入れて小麦粉を振り、
  軽く混ぜる。フライパンにサラダ油
  少々を熱してパラパラになるまで
  じっくり炒め、しょうゆを振る。

2 厚揚げは熱湯をかけて油抜きし、
  さいの目に切る。

3 長ネギとショウガはみじん切りにする。

4 ニラは1cmに切る。

5 卵は溶いておく。

6 フライパンにサラダ油を熱して
  ③を炒め、ごはんと⑤を同時に加えて
  パラパラになるように炒める。

7 ②を入れて炒め、Aで味付けして
  ④と①を加えてひと混ぜする。

植物性たんぱく質がいっぱい
納豆はちょっとていねいに
炒めましょう

お手軽ジャンバラヤ

材料（2人分）

ニンニク ・・・・・・・・・・・・・・1片
玉ネギ ・・・・・・・・・・・・・1/4個
ピーマン ・・・・・・・・・・・・・1個
ミニトマト・・・・・・・・・・・・・6個
サラダ油 ・・・・・・・・・・・・・適量
ミニソーセージ ・・・・・・・・・・70g
A ┌ ケチャップ ・・・・・・・・大さじ2
  │ 顆粒コンソメ・・・・・・・・小さじ1
  │ パプリカパウダー ・・・小さじ1/2
  │ チリペッパー ・・・・・・・・・少々
  └ 塩・・・・・・・・・・・・・小さじ1/2
温かいごはん ・・・・・・・・・・・300g

作り方

1 ニンニクは細かいみじん切り、
  玉ネギとピーマンは1.5cm角に切る。

2 ミニトマトはヘタを取って半分に切る。

3 フライパンにサラダ油を熱してピーマンを炒め、
  いったん取り出す。ニンニクと玉ネギを入れて
  さっと色付くまで炒め、ミニソーセージ加えて炒める。

4 Aを入れて炒め合わせ、ごはんを入れて炒める。
  ミニトマトを加えてひと混ぜし、ピーマンを戻す。

ケイジャン料理をアレンジ
スパイシーな味付けがクセになります

調理用具

皆さんはどんな調理用具をお使いですか。「こだわり」というほどのことでもありませんが、
つい手が伸びてしまうものってありますよね。私の「つい」をご紹介します。

切ったものをのせる時など便利な皿と、調味料を合わせたり
下味をつけたりする小さめのボウル。いずれもステンレスで、
サイズ違いを用意しています。少し前までは年季の入ったも
のを使っていましたが、思い切って替えました。

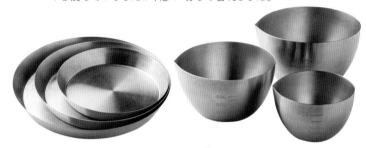

計量カップとスプーン、今は素材もデザ
インもおしゃれなものがいろいろあります
が、昔ながらのものが好きです。カップは
すりきりで200ml測れるタイプ、スプー
ンは浅型が、やっぱり落ち着きますね。

包丁は鋼をステンレスで挟んだタイプを
愛用しています。切れ味が悪くなったら
プロに研いでもらいながら何十年も使っ
ているので、ずいぶん小さくなりました。
下のペティナイフは半分ですね。

菜箸は先の細いものを選んでいます。
やわらかいものを扱うときはへら状に
なった手元側を使います。木べらは使
い込んでいるのが分かる状態で恥ず
かしいんですが、小さくて使いやすい
のでなかなか手放せません。

シリコーンの道具は黒で統一。スパチュラ
は小さめが私には合います。継ぎ目のない
一体型がお手入れがラクでいいですよ。
右上は、使っている人も多いのではない
かと思いますが調理スプーン。煮物を混
ぜたり、盛り付けたりに便利です。

ときには手間ひまかけておいしく

プロがつくる料理がおいしいのは、ちゃんと手間をかけて、時間もかけているから。簡単料理だけではなく、ときには下ごしらえなどに手間を惜しまず、ちょっと時間をとってつくることも大切だと思います。食べる人の笑顔のために、そしてつくるという幸福感のためにぜひ。

| Apron Collection 03 |

家やスタジオで料理するときは
こういったサロンタイプが多いですね。
このチェックはもう何年使っているか。
こなれて、いい感じです。

34

豚肉のローズマリーロール

材料（4人分）

ニンニク ・・・・・・・・・・・・・・2片
ローズマリー ・・・・・・・・・・・4本
豚ばら肉（薄切り）・・・・・・・8枚
豚もも肉（薄切り）・・・・・・・8枚
塩、こしょう ・・・・・・・・・各少々
サラダ油 ・・・・・・・・・・・・適量

作り方

1 ニンニク、ローズマリーはみじん切りにする。

2 豚ばら肉は長さを半分に切る。

3 ラップの上に豚もも肉を2枚1組にして広げ、
　塩、こしょうを振って①を散らす。
　その上に②を4枚並べ、塩、こしょうを振って①を散らす。

4 ラップを持ち上げながら、端からきっちり巻く。
　ラップを外してタコ糸で2カ所しばる。これを4本つくる。

5 フライパンにサラダ油を熱して④を入れ、
　転がしながら表面に焼き色を付ける。

6 取り出してオーブンシートを敷いた天板に並べ、
　200度に予熱しておいたオーブンで7、8分焼く。

7 粗熱が取れたらタコ糸を外し、食べやすい大きさに切り分ける。
　器に盛ってローズマリー（分量外）を添える。

スペイン料理をアレンジ
ふんわりやわらかで
優しい味に

タラボールの白ワイン煮

材料（2人分）

タラ ・・・・・・・・・・・・・・・・・300g
A┌ 卵・・・・・・・・・・・・・・・・・1/2個
 │ パン粉 ・・・・・・・・・・・・・・大さじ4
 │ 生クリーム ・・・・・・・・・・・大さじ2
 │ 塩、こしょう ・・・・・・・・・・・各少々
 │ イタリアンパセリ（みじん切り）
 └ ・・・・・・・・・・・・・・・・・・大さじ1
小麦粉、揚げ油 ・・・・・・・・・・・各適量
玉ネギ ・・・・・・・・・・・・・・・1/2個
ニンニク ・・・・・・・・・・・・・・・1片
オリーブ油 ・・・・・・・・・・・・・・適量
小麦粉・・・・・・・・・・・・・大さじ1と1/2
白ワイン ・・・・・・・・・・・・・1カップ
B┌ 水 ・・・・・・・・・・・・・・・1カップ
 │ 顆粒コンソメ ・・・・・・・・・小さじ1
 └ ローリエ ・・・・・・・・・・・・・1枚
塩、こしょう ・・・・・・・・・・・・各少々

作り方

1 タラは皮と骨を除き、包丁で細かくたたく。
2 ①をボウルに入れ、Aを加えて練り混ぜ、
  2、3cm大に丸める。小麦粉を薄く付け、
  170度に熱した油で揚げる。
3 玉ネギとニンニクはみじん切りにし、
  オリーブ油で炒め、透き通ってきたら
  小麦粉を加えて炒める。
4 ③に白ワインを加えて半量になるまで煮詰め、
  Bを加えてさらに10分ほど煮詰める。
5 ④に②を入れて5分ほど煮込んで
  塩、こしょうで味を調える。

ホワイトソースではなくポテトソース
時間はかかりますが格別のおいしさ

ポテトソースのラザニア

材料（4人分）

ジャガイモ（男しゃく）・・・・・・・500g

A｜牛乳・・・・・・・・・・・・2と1/2カップ
　｜バター・・・・・・・・・・・・・・・・15g
　｜塩・・・・・・・・・・・・・・小さじ1/3
　｜こしょう・・・・・・・・・・・・・・少々

玉ネギ・・・・・・・・・・・・・・・・1/2個

ニンニク・・・・・・・・・・・・・・・・1片

サラダ油・・・・・・・・・・・・・・・・適量

合挽き肉・・・・・・・・・・・・・・・180g

小麦粉・・・・・・・・・・・・・大さじ1と1/2

B｜水・・・・・・・・・・・・・1と1/2カップ
　｜ケチャップ・・・・・・・・・・・・大さじ3
　｜ウスターソース・・・・・・・・・・大さじ2
　｜トマトピューレ・・・・・・・・・大さじ2
　｜ローリエ・・・・・・・・・・・・・・1枚

C｜塩、チリペッパー・・・・・・・・各少々

ラザニア・・・・・・・・・・・・・・・100g

ピザ用チーズ・・・・・・・・・・・・・60g

作り方

1　ジャガイモは皮をむいて2、3cm角に切り、ゆでる。
　やわらかくなったらゆで汁をきり、再び火にかけて
　水分を飛ばす。熱いうちにていねいにつぶす。

2　鍋に①とAを入れて中火にかけ、混ぜながら
　じっくり加熱し、ゆるいソース状にする。

3　玉ネギとニンニクはみじん切りにし、
　サラダ油で少し色が付くまで炒める。

4　合挽き肉を加えて炒め、肉の色が変わったら
　小麦粉を振り入れて炒め、Bを加えて時々混ぜながら
　煮詰める。ローリエを取り出し、Cを加える。

5　ラザニアはゆでて冷水にとり、水気をふき取る。

6　耐熱容器に⑤の半量、④、残りの⑤、②の順に重ね、
　ピザ用チーズをのせる。200度に予熱しておいた
　オーブンで20分ほど焼く。

ブロッコリーを
すりおろして使ってみました
ビタミンCがたっぷりです

ブロッコリーの
コロッケ

材料（4人分）

ジャガイモ・・・・・・・・・・・・・400g

A ┌ 牛乳・・・・・・・・・・・・・大さじ3
  │ バター・・・・・・・・・・・・・10g
  └ こしょう・・・・・・・・・・・・・少々

ブロッコリー・・・・・・・・・・・・1/3株

生ハム・・・・・・・・・・・・・・・8枚

小麦粉、溶き卵、パン粉・・・・各適量

揚げ油・・・・・・・・・・・・・・・適量

レモン・・・・・・・・・・・・・・・適量

作り方

1 ジャガイモは皮をむいて2、3cm角に切り、
  ゆでる。やわらかくなったらゆで汁をきり、
  再び火にかけて水分を飛ばす。
  熱いうちにつぶし、Aを加えてよく混ぜる。

2 ブロッコリーは生のままおろし金ですりおろし、
  粗熱が取れた①に加えてよく混ぜる。

3 8等分し、俵形にして生ハムで巻く。

4 小麦粉、溶き卵、パン粉の順に衣を付け、
  180度に熱した油で揚げる。

5 器に盛ってくし形に切ったレモンを添える。

ホタテは大好きな食材のひとつ
ベーコンをプラスして
コクを出しました

ホタテのベーコン巻きフライ

材料（2人分）
ホタテ（貝柱）・・・・・・・・・・・・6個
塩、こしょう・・・・・・・・・・・・少々
ベーコン・・・・・・・・・・・・・・3枚
小麦粉、溶き卵、パン粉・・・・・各適量
揚げ油・・・・・・・・・・・・・・・適量
A ┌ マヨネーズ・・・・・・・・・・大さじ3
　│ ゆで卵（粗みじん切り）・・・1個分
　│ ピクルス（みじん切り）・・・大さじ1
　│ 玉ネギ（みじん切り）・・・・大さじ1
　└ 塩、こしょう・・・・・・・・・各少々

作り方
1 ホタテは水気をふき取って塩、こしょうを振る。
2 ベーコンは幅を半分に切って①に巻きつけ、
　巻き終わりを楊枝で留める。
3 小麦粉、溶き卵、パン粉の順に衣を付け、
　180度に熱した油で揚げる。
4 Aを合わせてタルタルソースをつくる。
5 ③の楊枝を抜いて器に盛り、④を添える。

ドライフルーツのミートローフ

材料（25×8×高さ6cmのパウンド型）

合挽き肉 ・・・・・・・・・・・・・・・・ 500g

A
- 塩 ・・・・・・・・・・・・・ 小さじ1
- 粗挽き黒こしょう ・・・・ 小さじ1/2
- ニンニク（みじん切り）・・・・1片分
- ケチャップ・・・・・・・・・・大さじ1
- バルサミコ酢・・・・・・・・・大さじ1

クルミ・・・・・・・・・・・・・・・・ 50g

レーズン・・・・・・・・・・・・・・・ 50g

B
- オリーブ油 ・・・・・・・・・大さじ2
- バルサミコ酢・・・・・・・・・大さじ1

粒マスタード・・・・・・・・・・小さじ2

作り方

1 ボウルに合挽き肉を入れ、Aを加えてよく練り混ぜる。

2 クルミはオーブンで軽くローストして粗く刻む。

3 ①にレーズンと②を入れて混ぜる。

4 型にオーブンシートを敷く。③をひとつかみずつ
　 手で丸めて空気を抜き、押し込みながら詰めていく。

5 すべて詰めたら中央を手でへこませてアルミホイルをかける。

6 お湯を張った天板に⑤をのせ、200度に予熱しておいた
　 オーブンで1時間ほど焼く。

7 型に入れたまましっかり冷まし、型から出して切り分ける。

8 器に盛り、合わせたBと粒マスタードを添える。

豚肉のプルーン焼き

材料（4人分）

豚肩ロース肉（かたまり）・・・500g
塩、こしょう・・・・・・・・・各適量
玉ネギ・・・・・・・・・・・・1/2個
ニンニク・・・・・・・・・・・・1片
プルーン（ドライ）・・・・・・8個
A [赤ワイン・・・・・・・1/2カップ
　 はちみつ・・・・・・・・大さじ1
　 しょうゆ・・・・・・・・小さじ2]
マッシュルーム・・・・・・・・6個
ジャガイモ・・・・・・・・・・3個
バター・・・・・・・・・・・・15g
クレソン・・・・・・・・・・・適量

作り方

1　豚肩ロース肉は6、7cm角に切り、
　多めの塩、こしょうをすり込む。

2　玉ネギは薄切りにし、ニンニクはつぶす。

3　ジッパー付きポリ袋に①②とプルーン、
　合わせたAを入れてもみ、1時間ほどおく。

4　マッシュルームは半分に切り、
　ジャガイモは洗って皮付きのまま2、3等分に切る。

5　天板にクッキングシートを敷き、③をのせる。

6　天板の空いているところに④をのせ、バターをちぎって散らす。

7　200度に予熱しておいたオーブンで、肉に火が通るまで
　40分ほど焼く。

8　器に盛ってクレソンを添える。

サンマとカボチャの
エスカベーシュ

材料（4人分）

カボチャ ・・・・・・・・・・・・・・100g
サンマ・・・・・・・・・・・・・・・・2尾
塩、こしょう ・・・・・・・・・各少々
玉ネギ ・・・・・・・・・・・・1/2個
A
┌ 酢 ・・・・・・・・・・・・・・大さじ2
│ しょうゆ ・・・・・・・小さじ1/2
│ 塩・・・・・・・・・・・・・小さじ1/3
│ こしょう ・・・・・・・・・・少々
└ サラダ油 ・・・・・・・・・大さじ3
小麦粉・揚げ油 ・・・・・・・各適量
ディル・・・・・・・・・・・・・・・適量

作り方

1 カボチャは種とワタを取り、
　厚さ3、4mmに切る。

2 サンマは3枚におろし、腹骨を取って
　1枚を3、4つに切る。塩、こしょうを振る。

3 玉ネギはせん切りにする。

4 ボウルにAを入れてよく混ぜる。

5 ①と②に小麦粉を薄く付け、
　170度に熱した油で揚げる。

6 熱いうちに④に入れ、③も入れて
　さっくり混ぜ合わせ、2、3時間おく。

7 器に盛ってディルを散らす。

意外な組み合わせでつくってみました
味がなじんでから食べてください

パクチー肉団子

材料（2人分）

豚挽き肉	・・・・・・・・・・・・・・・	300g
A	塩 ・・・・・・・・・・・・・	小さじ1/3
	こしょう ・・・・・・・・・・	少々
	ナンプラー ・・・・・・・・	大さじ1
	クミン ・・・・・・・・・・・	少々
B	生シイタケ ・・・・・・・・・	3枚
	ニンニク ・・・・・・・・・・	1片
	パクチー（茎）・・・・・	3、4株分
サラダ油	・・・・・・・・・・・・・	適量
C	ケチャップ ・・・・・・・・	大さじ3
	豆板醤 ・・・・・・・・・・	小さじ1
	スィートチリソース ・・・	小さじ1
パクチー（葉）・・・・・・・・・・・		適量

作り方

1 豚挽き肉にAを加えてよく練り混ぜる。

2 Bはそれぞれみじん切りにし、①に加えて
  混ぜる。

3 ②を直径3cmのやや平たい団子状に丸める。

4 フライパンにサラダ油を熱し、③を入れて
  両面をじっくり焼く。

5 器に盛り、Cを合わせたソースと
  パクチーの葉を添える。

好きな魚のひとつがサバ
ときには洋風の食べ方もいいものです

サバのソテー・赤ワインソース

材料（2人分）
サバ（半身）・・・・・・・・・・・2枚
塩・・・・・・・・・・・・・・・・少々
ブナシメジ、生シイタケ・・・各適量
赤ワイン・・・・・・・・・・1/2カップ
A［バター・・・・・・・・・・・・・15g
　砂糖・・・・・・・・・・・・小さじ2
　みそ・・・・・・・・小さじ1と1/2
オリーブ油・・・・・・・・・・・・適量
塩、こしょう・・・・・・・・・・各少々
小麦粉・・・・・・・・・・・・・・適量

作り方
1　サバは骨を取り除き、軽く塩を振って5分ほどおく。
2　ブナシメジは小房に分け、生シイタケは手でさく。
3　鍋に赤ワインを入れて半量ぐらいになるまで煮詰め、
　　Aを加えて混ぜながら加熱する。
4　フライパンにオリーブ油を熱し、②を炒めて
　　塩、こしょうを振り、取り出す。
5　①のサバはキッチンペーパーで水気をふいて小麦粉を
　　薄く付ける。
6　④のフライパンをキッチンペーパーでふき取り、
　　多めのオリーブ油を熱してサバの皮目から入れ、
　　両面をこんがりと焼く。
7　器に盛って③のソースをかけ、④を添える。

2色のアスパラを整列させてみました
もちろん緑だけでもかまいません

アスパラガスのキッシュ

材料（直径21cmのパイ型）

バター ・・・・・・・・・・・・・・・・・・70g
薄力粉 ・・・・・・・・・・・・・・・・・150g
塩 ・・・・・・・・・・・・・・・・・・・少々
A ┌ 卵黄 ・・・・・・・・・・・・・1個分
　 └ 水 ・・・・・・・・・・・・・・大さじ2
アスパラガス（緑・白）・・・合わせて9本
ゴーダチーズ ・・・・・・・・・・・・・50g
卵 ・・・・・・・・・・・・・・・・・・・2個
B ┌ 生クリーム ・・・・・・・・・1/3カップ
　 │ 牛乳 ・・・・・・・・・・・・1/3カップ
　 │ 顆粒コンソメ ・・・・・・・小さじ1/2
　 └ 塩、こしょう ・・・・・・・・・各少々

作り方

1 バターは1cm角に切って冷蔵庫で冷やす。
2 ボウルに薄力粉と塩を合わせてふるい入れる。
　 ①のバターを入れ、手先でもむようにしながら
　 サラサラにする。
3 合わせたAを加えてひとまとめにし、
　 ラップに包んで冷蔵庫に30分ほどおく。
4 ③を麺棒でのばして型に敷き詰め、底にフォークで
　 穴を開ける。
5 180度に予熱しておいたオーブンで20〜25分焼く。
　 粗熱を取る。
6 アスパラガスは根元の皮をむいてハカマを取り、
　 長さを型に合わせる。ゴーダチーズは刻んでおく。
7 卵は溶きほぐし、Bを加えてよく混ぜる。
8 ⑤に⑦を流し、アスパラガスを並べてゴーダチーズを
　 散らす。
9 200度に予熱しておいたオーブンで25〜30分焼く。

ジャガイモが一般的ですが
カボチャもまた
違う味わいでいいものです

カボチャのガレット

材料（直径15cm1枚分）

カボチャ ・・・・・・・・・・・・・・・150g

ベーコン ・・・・・・・・・・・・・・・・1枚

A ┌ 小麦粉 ・・・・・・・・・・・大さじ1
  │ 水 ・・・・・・・・・・・・・・大さじ1
  │ 顆粒コンソメ ・・・・・・小さじ1/2
  └ 塩、こしょう ・・・・・・・各少々

サラダ油 ・・・・・・・・・・・・・・適量

バター ・・・・・・・・・・・・・・・・10g

ラディッシュ ・・・・・・・・・・・適量

作り方

1 カボチャは種とワタを取り、せん切りにする。
  ベーコンは細切りにする。

2 ボウルに①とAを入れて混ぜる。

3 小さいフライパンにサラダ油を熱し、
  ②を入れて形を整え、ふたをして弱火でじっくり焼く。
  色付いてきたら裏返し、両面を焼く。

4 バターをのせて全体になじませ、切り分ける。
  半分に切ったラディッシュを添える。

ごはんのお好み焼き風

材料（直径20cm1枚分）

小ネギ ・・・・・・・・・・・・・・・・・・・3本
卵 ・・・・・・・・・・・・・・・・・・・・・2個
ごはん ・・・・・・・・・・・・・・・・・・200g

A ┌ しょうゆ ・・・・・・・・・・・・大さじ1
  │ 酒 ・・・・・・・・・・・・・・・・小さじ2
  └ 塩、こしょう ・・・・・・・・・・各少々

シラス干し ・・・・・・・・・・・・・・・・30g
削り節 ・・・・・・・・・・・・・・・・・・・5g

B ┌ 粉チーズ ・・・・・・・・・・・・大さじ1
  └ 青のり粉 ・・・・・・・・・・・・小さじ1

サラダ油 ・・・・・・・・・・・・・・・・・適量

作り方

1 小ネギは小口切りにする。

2 ボウルに卵を溶き、ごはんとAを入れて混ぜる。

3 ①とシラス干し、削り節を順に入れて混ぜ、
  Bも加えてさっくり混ぜる。

4 フライパンにサラダ油を熱し、③を入れて形を整え、
  軽く押し付けるようにしながら両面をこんがりと焼く。

冷やごはんもこうすると新鮮
おやつやおつまみにもなります

49

塩豚

材料
豚ばら肉（かたまり）‥‥‥500g
塩‥‥‥‥‥‥‥‥‥大さじ2

作り方
1 豚ばら肉は水気をふき取り、全体に塩をもみ込む。
2 ラップできっちり包み、ポリ袋に入れて冷蔵庫に1日おく。
3 水気をふき取り、ラップで包み直してポリ袋に入れ、
　冷蔵庫にさらに1日おく。

●2、3日は冷蔵庫で保存できます。それ以上は冷凍庫へ。
●紹介している食べ方のほか、ポトフ、おでん、スープ、チャーハンの具などに使えます。
　いずれも用途に合わせて切り、焼いて脂を落としてから使うといいでしょう。

塩豚のカリカリ焼き

材料（2人分）
塩豚 ‥‥‥‥‥‥‥‥‥‥200g
紫玉ネギ‥‥‥‥‥‥‥‥1/2個
リーフレタス ‥‥‥‥‥‥適量

作り方
1 塩豚は水洗いして水気をふき取り、
　薄切りにする。
2 フライパンに並べ、弱火でカリカリに
　なるまで焼き、脂をきる。
3 せん切りにした紫玉ネギ、ちぎった
　レタスとともに器に盛る。

塩肉じゃが

材料（4人分）
塩豚 ‥‥‥‥‥‥‥‥‥‥250g
オリーブ油 ‥‥‥‥‥‥‥適量
ジャガイモ‥‥‥‥‥‥‥‥4個
　┌水‥‥‥‥‥‥カップ1と1/2
A │白ワイン‥‥‥‥‥大さじ2
　└赤唐辛子‥‥‥‥‥‥‥1本
ローズマリー（生）‥‥‥‥適量

作り方
1 塩豚は水洗いし、水気をふき取って幅2cmに切る。
2 フライパンにオリーブ油を熱して①を入れ、
　軽く焼き色がつくまで焼く。取り出して脂をきる。
3 ジャガイモは3、4cm角に切り、水にさらして水気をきる。
4 鍋にオリーブ油を熱して③を炒め、縁が透き通って
　きたら②とAを入れて煮汁がなくなるまで15分ほど
　煮込む。
5 ローズマリーをちぎって加え、器に盛る。

焼くだけでもおいしい
塩分きつめなので
野菜といっしょにどうぞ

味付けは塩豚の塩気とワインだけ
最高のおいしさになります

51

鶏肉のネギみそ焼き

材料（2人分）

鶏もも肉 ・・・・・・・・・・・・・1枚
小ネギ ・・・・・・・・・・・・・50g
ゴマ油 ・・・・・・・・・大さじ1
一味唐辛子 ・・・・・・・・・少々
みそ ・・・・・・・・・・・・・・25g
A 酒 ・・・・・・・・・大さじ1
みりん ・・・・・・・・小さじ1
サラダ油 ・・・・・・・・・・少々

作り方

1 鶏もも肉は余分な脂を取り除き、肉の厚い部分には
包丁を入れて開く。

2 小ネギは小口切りにする。

3 フライパンにゴマ油と一味唐辛子を入れ、弱火にかけ、
温まったら、②を入れてしんなりするまで炒める。

4 みそをAで溶き、③に加える。時々混ぜながら
とろみが付くまで煮詰める。

5 別のフライパンにサラダ油を熱し、①の鶏肉を皮目を
下にして入れ、時々押さえながら弱火でじっくり焼く。
縁が白くなり、皮がカリッと色よく焼けたら裏返して火を通す。

6 ⑤の鶏肉をそぎ切りにして皿に盛り、④のネギみそをかける。

鶏肉は皮がカリッとなるまで返さないように
ネギみそはごはんや豆腐にも合います

人が集まる時にはよくつくります　煮汁がしみておいしいんです

高野豆腐の肉詰め

材料（2人分）

高野豆腐・・・・・・・・・・・・・・・2枚
ニンジン・・・・・・・・・・・・・・15g
ショウガ・・・・・・・・・・・・・・1片
鶏挽き肉・・・・・・・・・・・・・100g
A ┌ 塩 ・・・・・・・・・・・・・・少々
　│ 酒・・・・・・・・・・・・・・小さじ1
　│ しょうゆ・・・・・・・・小さじ1/2
　└ 片栗粉 ・・・・・・・・・大さじ1/2
ヒジキ（戻したもの）・・・・・・10g
片栗粉・・・・・・・・・・・・・・・・適量
B ┌ だし汁・・・・・・・・・・・1カップ
　│ 砂糖 ・・・・・・・・・・・小さじ2
　│ みりん・・・・・・・・・・・大さじ1
　│ しょうゆ ・・・・・・・・・大さじ1
　└ 酒・・・・・・・・・・・・・大さじ1/2
オクラ ・・・・・・・・・・・・・・・・2本

作り方

1 高野豆腐は水につけて戻し、水を取り替えて押し洗いする。手に挟んで水気を絞り、半分に切って深い切り込みを入れ、袋状にする。

2 ニンジン、ショウガはみじん切りにする。

3 鶏挽き肉にAを加えて練り、②とヒジキを入れて混ぜる。

4 ①の切り口の中に片栗粉を薄く付け、③を詰める。

5 鍋にBを煮立たせ、④を詰め口が上になるように並べ落としぶたをして煮る。火が通ったら弱火にして返しながら汁気が少なくなるまで煮る。

6 半分に切って器に盛り、ゆでて斜め切りにしたオクラを添える。

野菜ずし

【すし飯】
米3合を炊き、熱いうちに合わせ酢（酢大さじ4、砂糖大さじ1、塩小さじ1）を混ぜて冷ます。
ここで紹介している野菜ずしをすべてつくるには、米は約3合必要。

キャベツの棒ずし

材料（2本分）
キャベツ（大きめ）・・・・・・・・2枚
アンチョビ・・・・・・・・・・・・15g
オリーブ（黒、緑）・・・・・・・各3個
パセリ・・・・・・・・・・・・・・適量
すし飯・・・・・・・・・・・・・420g

作り方
1 キャベツは芯の部分をそぎ取ってゆで、冷まして水気をふき取る。
2 アンチョビ、オリーブ（種は除く）、パセリはみじん切りにする。
3 すし飯に②を混ぜて2等分し、キャベツの幅より短い棒状にする。
4 巻きすにラップを敷き、キャベツを1枚置く。
　手前に③を1本のせて巻き、キャベツの端を折り込む。
　同様にもう1本つくる。
5 それぞれ6等分に切り分け、ラップを外して盛り付ける。

大根とサーモンの押しずし

材料（26×4×高さ4cmの型）
大根 ・・・・・・・・・・・・・・80g
塩・・・・・・・・・・・・・・・・少々
スモークサーモン（薄切り）・・・100g
すし飯・・・・・・・・・・・・・350g
ケッパー ・・・・・・・・・・・大さじ1
白ゴマ・・・・・・・・・・・・・小さじ2

作り方
1 大根は薄い輪切りにし、塩水につけてしんなりさせ、
　水洗いして水気をふき取る。
2 型に大きめのラップを敷き、①を少し重ねて並べる。
　サーモンを敷き詰める。
3 すし飯の半量を詰めてケッパーと白ゴマを散らす。
　残りのすし飯を詰め、敷いてあるラップで包み、
　均等に押す。
4 ラップごと取り出し、包んだまま落ち着かせる。
　食べやすく切り分け、ラップを外して盛り付ける。

ナスの手まりずし

材料（8個分）
長ナスの漬けもの ・・・・・・・・1本
すし飯・・・・・・・・・・・・・200g
練り辛子・・・・・・・・・・・・少々

作り方
1 長ナスの漬けものは薄い輪切りにする。
2 すし飯は8等分してざっくり丸める。
　ラップに①を置き、②をのせて茶巾絞りにする。
3 ラップを外して練り辛子をのせる。

野菜を主役にした
おすしを3種
特別な食材がなくても
ごちそうの完成です

みがきニシンとこんにゃくのみそ煮

材料（2人分）

みがきニシン（ソフト）・・・・・・2枚
こんにゃく・・・・・・・・・・・・200g
ショウガ ・・・・・・・・・・・・・・1片
水 ・・・・・・・・・・・・・カップ1と1/3
A ┌ 赤みそ ・・・・・・・・・・・・大さじ3
　│ 砂糖 ・・・・・・・・・・大さじ1と1/2
　│ 酒・・・・・・・・・・・・・・・大さじ1
　│ みりん・・・・・・・・・・・・・大さじ1
　└ 和風だしの素 ・・・・・・小さじ1/2
長ネギ（白い部分）・・・・・・・・適量

作り方

1 みがきニシンは水洗いし、腹骨をそぎ落とし、
　幅2、3cmに切る。

2 こんにゃくはひと口大にちぎり、さっとゆでて水気をきる。

3 ショウガはせん切りにする。

4 鍋に分量の水を入れて火にかけ、煮立ったらAを加える。

5 ①②③を入れて落としぶたをし、弱火で煮汁がほぼなくなる
　まで煮込む。

6 器に盛り、縦にせん切りした長ネギをのせる。

大好きなニシンをじっくりみそ味で
ごはんが何膳でもいける味つけです

高齢者はたんぱく質不足が心配だそう
これなら脂質を抑えてたっぷり摂れます

高野豆腐入りハンバーグ

材料（2人分）

高野豆腐 ・・・・・・・・・・・・・・・・・・1個
ショウガ ・・・・・・・・・・・・・・・・・・1片
長ネギ ・・・・・・・・・・・・・・・・・・10cm
鶏挽き肉 ・・・・・・・・・・・・・・・・・・200g
A ┌ しょうゆ・・・・・・・・・・・・・・・小さじ1
  │ 酒 ・・・・・・・・・・・・・・・・小さじ2
  └ 塩 ・・・・・・・・・・・・・・・・・・少々
B ┌ 卵 ・・・・・・・・・・・・・・・・・・1個
  └ パン粉 ・・・・・・・・・・・・・・・大さじ3
サラダ油 ・・・・・・・・・・・・・・・・小さじ2
C ┌ しょうゆ・・・・・・・・・・・・・・・大さじ1
  │ みりん ・・・・・・・・・・・・・・・大さじ1
  └ 砂糖 ・・・・・・・・・・・・・・・・小さじ1
シシトウ、大根おろし、レモン・・・各適量

作り方

1 高野豆腐は水につけて戻し、水を取り替えて
  押し洗いする。手に挟んで水気を絞り、
  半分はみじん切り、残りは1cm角に切る。

2 ショウガ、長ネギはみじん切りにする。

3 ボウルに鶏挽き肉とAを入れて練り混ぜる。
  ①②を加えて混ぜ、Bを入れてよく混ぜる。
  4等分して小判形にする。

4 フライパンにサラダ油を熱し、③を並べて中火で
  両面を焼く。

5 火が通ったら合わせたCを入れてからめる。

6 器に盛り、グリルで焼いたシシトウ、大根おろし、
  レモンのくし形切りを添える。

イカごはん

材料（4人分）

米 ・・・・・・・・・・・・・・・・・・2合	
水 ・・・・・・・・・・・・・・・360ml	
イカ・・・・・・・・・・・・・・・・1パイ	
生シイタケ ・・・・・・・・・・・・3枚	
ショウガ・・・・・・・・・・・・・・1片	

A
- イカのキモ・・・・・・・・大さじ2
- 酒 ・・・・・・・・・・・・大さじ1
- オイスターソース ・・・小さじ2
- 塩・・・・・・・・・・・・・・・少々

サラダ油、ゴマ油・・・・・・・各適量

小ネギ・・・・・・・・・・・・・・・適量

作り方

1 米は洗って分量の水に30分ほどつけておく。

2 イカは内臓を抜き、キモを搾って大さじ2を取りおく（Aに使う）。胴と耳は輪切りにし、足は先を切り落として2本ずつ切り分ける。

3 生シイタケは薄切りにする。

4 ショウガはせん切りにする。

5 ①にAを加え、④をのせて炊く。

6 フライパンにサラダ油とゴマ油を熱し、イカとシイタケをさっと炒める。

7 ⑤が炊き上がったら⑥をのせて蒸らす。

8 器に盛って小口切りした小ネギを散らす。

お酒の締めに
散らしずしなら重いけれど
おそばならいけるという発想で

そば散らしずし

材料（2人分）

干しシイタケ・・・・・・・・・2枚

A ┌ しょうゆ・・・・・大さじ1/2
  │ みりん・・・・・・・・小さじ1
  └ 砂糖・・・・・・・・・小さじ1

卵・・・・・・・・・・・・・・1個

B ┌ 酒・・・・・・・・・大さじ1/2
  └ 塩・・・・・・・・・・・・少々

アナゴのかばやき・・・・・・1枚

キュウリ・・・・・・・・・・1/2本

かまぼこ・・・・・・・・・・・40g

ショウガの甘酢漬け・・・・・10g

そば（乾麺）・・・・・・・・150g

C ┌ めんつゆ（※72ページ参照）
  │ ・・・・・・・・・・1/4カップ
  │ 酢・・・・・・・大さじ1と1/2
  │ サラダ油・・・・・大さじ1/2
  │ 柚子こしょう・・・小さじ1/2
  └ 塩・・・・・・・・・・・・少々

白ゴマ・・・・・・・・・・・小さじ1

作り方

1 干しシイタケは戻して鍋に入れ、ひたひたの戻し汁とAで煮含める。
　粗熱がとれたら汁を軽く絞って細切りにする。

2 卵にBを混ぜて薄く焼き、4、5cm長さの細切りにする。

3 アナゴのかばやきは電子レンジで温め、幅2cmに切る。

4 キュウリ、かまぼこ、ショウガの甘酢漬けは長さ4、5cmの細切りにする。

5 そばはゆでて冷水で洗い、水気をきる。

6 ボウルにCを入れて混ぜ、⑤を加えてあえる。

7 器に盛って①②③④を散らし、白ゴマを振る。

ズッキーニのバジルマリネ
（P21）

ミニトマトのピクルス
（P17）

アスパラガスのキッシュ
（P46）

大皿盛りはあまり推奨されない時代、
カフェやビストロのランチを真似て
ワンプレートの食卓はいかがでしょう。
この本でご紹介している料理を少しずつ盛り付けたら、
とてもおしゃれになりました。
休日のブランチや友人を迎えてのランチにいかがですか。

ホッキのサラダ
（P12）

豚肉のローズマリー
ロール（P34）

ホタテのベーコン巻き
フライ（P39）

鍋

鍋は基本3タイプしか持っていません。雪平鍋と煮込み用の厚手鍋と土鍋。
それにフライパンが何種類かあるだけ。
応用をきかせれば不自由なことはありません。

サイズ違いの雪平鍋は、アルミの打ち出し。煮る、ゆでる、
だしを取る、揚げるなど、何でもこなしてくれます。ふたが必
要なときはフライパン用のふたを使います。もう十年以上
使っていると思います。

深い土鍋はごはん専用。毎朝これで炊いていま
す。知り合いの陶芸家さんの作品です。炊飯器
もありますが、土鍋の方がおいしく炊けるように
感じます（気のせい？）。

ご存知、鋳物のホーロー鍋。最初は重
くて扱いにくいと思っていたのですが、
仕事の折りに何度か使わせてもらううち
に「欲しい!」と。最初はオレンジの
オーバル、次に色が気に入ってグリーン
のココット。煮込み料理に最高です。

フライパンの他に、鉄製のスキレットがサイズ
違いであります。小さい方はお安いものです
が、アヒージョなど食卓にそのまま出す料理
に、大きい方は肉を焼く時などに使います。
使用後はサラダ油を塗っておきます。

一緒につくっておいしく

料理教室は、男性限定、親子、小学校の高学年の子どもたち、ベテラン主婦のみなさんなど、さまざまな方が対象になっています。発見がいろいろありますが、なかでも子どもたちは家では料理をしていなくても本当は興味があるんだと驚かされました。ここでは、家族など年齢も性別も違うみんなで一緒につくれるレシピをご紹介します。

| Apron Collection 04 |

生地を自分で選んで、
いつも仕事を一緒にしている
スタイリストさんに
仕立ててもらいました。
大胆な柄と明るい色が
お気に入りです。

入門編におすすめのちぎりパン
フライパンの中で
発酵させるのでラクです

フライパンぱん

材料（直径28cmのフライパン）

強力粉 ・・・・・・・・・・・・・・330g

牛乳 ・・・・・・・・・・・・・・220ml

バター ・・・・・・・・・・・・・・30g

A ┌ 砂糖 ・・・・・・・・・・・・40g
　│ 塩 ・・・・・・・・・・小さじ3/4
　└ ドライイースト ・・・・・・・9g

作り方

1　ボウルに強力粉をふるい入れる。

2　牛乳は人肌に温め、バターは電子レンジで10〜15秒加熱して
　やわらかくする。

3　①にAを入れてゴムベラで軽く混ぜ、牛乳を2回に分けて加え、その都度
　混ぜる。まとまってきたら、バターを加えて手で生地に混ぜ込む。

4　ボウルから出し、台の上で叩きながら、なめらかになるまで
　10〜15分こねる。

5　④の生地を4つに分割し、引っ張りながら、なめらかな面が
　表に出るように丸める。

6　フライパンに大さじ1の水を入れてからオーブンシートを敷き、
　⑤を閉じ目が下になるように並べる。
　フタをしてごく弱火で1分加熱し、火を止めて15〜20分おく。

7　⑥を台に出し、4つ重ねて手の平で軽く押し、ガス抜きをして
　ひとまとめにする。

8　⑦を24等分し、引っ張りながらなめらかな面が表に出るように丸める。

9　⑥のフライパンの水気をふいてオーブンシートを戻し、
　⑧の生地を閉じ目が上になるように並べる。
　フタをしてごく弱火で1分加熱し、火を止めて15分おく。

10　そのまま弱火で8〜10分焼き、焼き色が付いたら裏返してさらに
　7、8分焼く。

形だけじゃなく
あんにもジャガイモが入っています

66

ジャガイモまんじゅう

材料（12個分）

ジャガイモ（男しゃく）・・・・2個
　　　　　　　　（裏ごしして80g）
A ┌ 白あん・・・・・・・・・・・180g
　└ バター（食塩不使用）・・・10g
コンデンスミルク・・・・大さじ3
重曹・・・・・・・・・・・・小さじ1/3
バター（食塩不使用）・・・・20g
砂糖・・・・・・・・・・・・・50g
卵・・・・・・・・・・・・・・1/2個
薄力粉・・・・・・・・・・・130g
シナモン・・・・・・・・・・大さじ1

作り方

1 ジャガイモは皮をむいて2、3cm角に切り、ゆでる。
　やわらかくなったらゆで汁をきり、再び火にかけて水分を飛ばす。
　熱いうちに裏ごしする。

2 鍋に①とAを入れて混ぜ、弱火にかけて
　2分ほど練る。粗熱が取れたら12等分して丸め、
　ラップをかけておく。

3 コンデンスミルクに重曹を入れて溶かす。

4 室温にしておいたバターをボウルに入れてやわらかく練り、
　砂糖、溶いた卵、③の順に加え、なめらかになるまで混ぜる。

5 薄力粉を加え、手でこねてまとめ、12等分して丸める。

6 ⑤の生地を手のひらにのせ、押して平らにし、
　②をのせて生地を持ち上げるようにして包む。

7 バットにシナモンを入れ、⑥を入れてまぶす。
　ジャガイモのような形に整え、箸で所々に穴を開ける。

8 天板にオーブンシートを敷き、⑦を間隔を空けて並べる。
　180度に予熱しておいたオーブンで15分ほど焼く。

ちょっと手間がかかりますが
皮がサクサクとして
おいしいんです

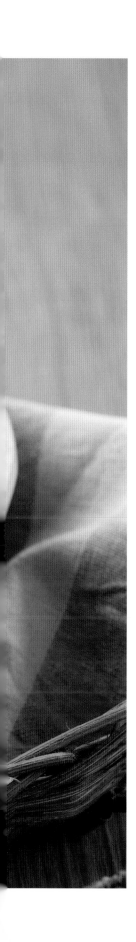

手づくり皮のサモサ

材料（16個分）

バター ・・・・・・・・・・・・・・・・35g
薄力粉 ・・・・・・・・・・・・・・・100g
塩、こしょう ・・・・・・・・・各少々
水・・・・・・・・・・・・・・・大さじ2、3
ジャガイモ ・・・・・・・・・・・180g
ベーコン・・・・・・・・・・・・・・2枚
サラダ油 ・・・・・・・・・・・・・少々
枝豆（さやから出したもの）・・・20g
A ┌ カレー粉・・・・・・・小さじ1と1/2
　│ 塩・・・・・・・・・・・小さじ1/3
　│ チリパウダー・・・・・・・・少々
　└ ガラムマサラ・・・・・・・・少々
揚げ油・・・・・・・・・・・・・・・適量
スイートチリソース・・・・・・・適量

作り方

1 バターは1cm角に切って冷蔵庫で冷やす。

2 薄力粉と塩、こしょうをボウルにふるい入れる。
　①のバターを入れ、手先でもむようにしながら
　サラサラにする。

3 分量の水を加えて手でこね、ひとまとめにして
　ラップに包み、15分ほど室温におく。

4 ジャガイモは皮をむいて2、3cm角に切り、
　ゆでる。やわらかくなったらゆで汁をきり、
　再び火にかけて水分を飛ばす。熱いうちに軽くつぶす。

5 ベーコンはみじん切りにし、サラダ油で炒める。

6 ④⑤と枝豆、Aを混ぜ合わせ、16等分しておく。

7 ③を8等分し、麺棒でだ円形に薄くのばし、半分に切る。

8 ⑦で⑥を包み、三角錐になるよう形作り、縁をしっかり閉じる。

9 170度で熱した油で揚げる。
　好みでスイートチリソースを添える。

大人も楽しいお弁当

満腹弁当

肉料理を中心に
バランス良く。
ごはんには「ゆかり」を
あしらいました。

丸めた肉のから揚げ
（P10）

長イモのふんわり
卵焼き（P18）

変わりきんぴら
（P19）

キュウリの佃煮
（P17）

マーマレードポテサラ
（P19）

お弁当って、なぜか心うきうきしますよね。

お弁当づくりを続けるコツは、つくり置きできる料理を何点か冷蔵庫に入れておくことでしょうか。

それよりも「おいしかったよ」のひと言や笑顔がつくり続けるコツかもしれませんね。

ここでは、この本でご紹介している料理を詰め合わせてみました。

つくり置きに向くものもいろいろありますよ。

カラフル弁当

おかずが少なくて済む
炊き込みごはんに、
食欲を誘う色を合わせて。

ブロッコリーの
コロッケ(P38)

白いんげん豆の
タラコあえ(P21)

牛肉の甜麺醤煮
(P16)

鮭のゆずこしょう飯
(P24)

たれ・つゆ

料理に合わせて使うたれやつゆは、いろいろな種類が市販されていて便利です。
でも、自家製の方が好みに合うし、使い切る量をつくれるので、いいかなと思っています。

冷やし中華のたれ

あっさりとしたたれで、食べ飽きしません。

[材料と作り方]
鶏がらスープの素小さじ1と水150ml、
しょうゆ120ml、砂糖大さじ2を鍋に
入れて煮立て、火を止めて酢100mlと
ゴマ油大さじ1を加えて冷ます。

めんつゆ

冷たい麺ならそのまま、暖かい麺はだし汁か
水で割って使います。

[材料と作り方]
みりん100mlを煮立たせ、しょうゆ100ml、
水400mlと削り節10gを入れて弱火で2、3
分煮る。火を止めて昆布を適量加え、冷め
たらキッチンペーパーを敷いたざるでこす。

ジンギスカンのたれ

焼いた肉につける場合に向くたれです。

[材料と作り方]
酒大さじ2、みりん大さじ1を煮立たせ、しょうゆ
大さじ4、はちみつ大さじ1、オイスターソース小
さじ1を加えてひと煮立ちさせる。すりおろした
リンゴ（皮ごと）25g、玉ネギ20g、ショウガ・
ニンニク各1片分を入れ、よく混ぜて冷ます。

すきやきの割りした

甘さ控えめ。最後までおいしく食べられます。

[材料と作り方]
酒・みりん各50mlを煮立たせ、しょうゆ・
水各100ml、砂糖大さじ4、和風だしの素
小さじ1を加えてひと煮立ちさせる。

デザートやおやつもおいしく

私にはあまりお菓子づくりのイメージがないかも
しれませんが、食べることはともかくとして、つくるこ
とは大好きです。昔は息子のおやつは手づくり
でした。「売っているポテトチップが食べたい」な
んて言われながらも（笑）、頑張ってたんですね。
ここでは身近な材料で簡単につくれるものから、
ちょっと本格派までご紹介します。

| Apron Collection 05 |

仕事で仲良くさせていただいた
女性からのプレゼント。
やわらかいガーゼ生地なので、
濡れた手をふくこともできて
便利です。

断面が美しいということで
人気のお菓子
フルーツや野菜を
たっぷり入れて焼きます

リンゴのガトーインビジブル

材料（25×8×高さ6cmのパウンド型）
リンゴ・・・・・・・・・・・・・・・・・2個
バター（食塩不使用）・・・・・・・50g
薄力粉・・・・・・・・・・・・・・・80g
卵・・・・・・・・・・・・・・・・・2個
砂糖・・・・・・・・・・・・・・・50g
牛乳・・・・・・・・・・・・・・・70ml

作り方

1　リンゴは皮をむかず半分に切り、芯を取って縦に薄切りにする。

2　バターは電子レンジで30秒ほど加熱し、溶かしておく。薄力粉はふるっておく。

3　ボウルに卵と砂糖を入れて泡立て器でよく混ぜ、②のバターを加えて混ぜる。

4　③に②の薄力粉と牛乳を2回に分けて交互に加え、その都度混ぜる。

5　①のリンゴを入れて生地がからむように全体を混ぜる。

6　パウンド型にオーブンシートを敷き、⑤をリンゴの向きがそろうように入れ、
　　ボウルに残った生地を流し入れる。

7　170度に予熱しておいたオーブンで50分ほど焼く。冷ましてから切り分ける。

味や見た目に影響はありませんが
豆腐が入ることでトロっとなめらかに

豆腐入りチョコカップケーキ

材料（直径6cmの紙型8個分）

板チョコレート・・・・・・・・・・・・80g
牛乳・・・・・・・・・・・・・・・・・大さじ1
薄力粉・・・・・・・・・・・・・・・・50g
A ┌ ベーキングパウダー ・・・小さじ1
  └ ココア ・・・・・・・・・・・・30g
クルミ・・・・・・・・・・・・・・・・30g
絹ごし豆腐・・・・・・・・・・・・200g
卵 ・・・・・・・・・・・・・・・・・・1個
砂糖・・・・・・・・・・・・・・・・・80g

作り方

1 板チョコレートは薄く刻み、牛乳を加えて電子レンジで
  1分ほど加熱して完全に溶かす。

2 薄力粉とAを合わせてふるっておく。

3 クルミはオーブンで軽くローストし、粗く刻んでおく。

4 ボウルに絹ごし豆腐を入れ、泡立て器でなめらかに
  なるまで混ぜる。卵と砂糖を加えてよく混ぜ合わせる。

5 ④に①を加え、よく混ぜてから②を入れてさっくり混ぜ、
  ③のクルミ（トッピング用に少し残す）を加える。

6 型に⑤を流し入れ、180度に予熱しておいたオーブンで
  20分焼く。

7 クルミをトッピングし、
  さらに10〜15分焼く。

イチゴのクッキー

材料（16個分）

イチゴ ・・・・・・・・・・・・・・・・・100g
バター（食塩不使用）・・・・・・・75g
グラニュー糖 ・・・・・・・・・・・・・50g
A ┌ 薄力粉 ・・・・・・・・・・・・120g
　│ コーンスターチ ・・・・・・・・30g
　└ ベーキングパウダー ・・・小さじ1/3

作り方

1 イチゴはヘタを取り、5mm角に切る。
2 ボウルにバターを入れて室温にし、泡立て器で
　クリーム状になるまで混ぜる。
3 ②にグラニュー糖を少しずつ加えてなめらかになるまで混ぜる。
　①も入れてゴムべらで混ぜる。
4 Aを合わせてふるいにかけ、③に加えて粉が
　見えなくなるまで混ぜる。
5 16等分して円形に形づくり、オーブンシートを敷いた天板に
　すき間を空けて並べる。
6 180度に予熱しておいた
　オーブンで15分ほど焼く。

イチゴを生のまま加えたソフトなクッキー
甘酸っぱさが女性好みかな

ミニスイートポテト

材料（10個分）

サツマイモ ・・・・・・・・・・・	300g
A バター（食塩不使用）・・・・	30g
砂糖 ・・・・・・・・・・・・・	25g
はちみつ ・・・・・・・・	大さじ2
牛乳 ・・・・・・・・・・・	1/3カップ
クラッカー ・・・・・・・・・・・	10枚
卵黄 ・・・・・・・・・・・・・・	1個分

作り方

1 サツマイモは皮をむいて厚さ2cmの輪切りにし、
　ゆでる。やわらかくなったらゆで汁をきり、
　再び火にかけて水分を飛ばす。
　熱いうちに裏ごしする。

2 ①を鍋に入れ、Aを加えて弱火にかけ、
　ゴムべらで練る。鍋底に練り跡が残るくらいに
　なったら火からおろして粗熱を取る。

3 クラッカーに③をのせてピラミッド形に整え、
　卵黄を塗る。

4 オーブントースターの天板にクッキングシートを
　敷き、④を並べて焼き色がつくまで4、5分焼く。

ボウルだけでつくれるのが魅力
ジャムはお好みのもので

ジャム入りチーズムース

材料（直径9cmのグラス4個分）

生クリーム・・・・・・・1/2カップ
プレーンヨーグルト・・・・・100g
グラニュー糖・・・・・・・大さじ1
粉ゼラチン・・・・・・・・・・5g
水・・・・・・・・・・・大さじ2
クリームチーズ・・・・・・・200g
リンゴジャム・・・・・・・・80g
レモン汁・・・・・・・・・小さじ2
ミント・・・・・・・・・・・・適量

作り方

1 ボウルに生クリーム、プレーンヨーグルト、グラニュー糖を入れ、
　ゆるめに泡立て、別の器に移す。

2 粉ゼラチンは分量の水に振り入れて戻し、電子レンジで
　10〜20秒加熱して溶かす。

3 ①のボウルに室温に戻したクリームチーズを入れて
　やわらかくなるまでよく練り、②とリンゴジャムを加えて混ぜる。

4 ③に①を加え、レモン汁を少しずつ入れて混ぜ、
　なめらかになったらグラスに分け入れて冷蔵庫で冷やし固める。

5 仕上げにジャム（分量外）とミントをのせる。

みそ風味のビスコッティ

材料（20枚分）

卵・・・・・・・・・・・・・・・・・・1個
てんさい糖（または砂糖）・・・・50g
みそ ・・・・・・・・・・・・・小さじ1
水・・・・・・・・・・・・・・・小さじ1
ゴマ油・・・・・・・・・・・・・大さじ1
薄力粉・・・・・・・・・・・・・120g
ベーキングパウダー ・・・小さじ1/4
黒ゴマ・・・・・・・・・・・・・10g

作り方

1 ボウルに卵とてんさい糖を入れ、泡立て器で
　よく混ぜておく。

2 みそと分量の水を合わせ、溶いておく。

3 ①に②、ゴマ油を混ぜ、薄力粉とバーキング
　パウダーを合わせてふるい入れる。
　なめらかになるまで混ぜ、黒ゴマを加えて
　ひと混ぜする。

4 天板にオーブンシートを敷き、③の生地を
　2等分して置き、ナマコ形（写真参照）に整える。
　170度に予熱しておいたオーブンで20分焼く。

5 ④を取り出し、すぐに10枚に切り分け、
　切り口を上にして天板に並べる。

6 オーブンを180度に上げて15分ほど焼く。

小麦粉アレルギーの方もこれなら安心
朝食にも合う甘くないケーキです

カボチャの米粉塩ケーキ

材料（15×23×高さ4cm程度の
　　　アルミホイルの型）

カボチャ ・・・・・・・・・・・・150g
塩、粗挽き黒こしょう ・・・・各適量
ハム ・・・・・・・・・・・・・・・4枚
オリーブ（黒）・・・・・・・・・・5個
卵・・・・・・・・・・・・・・・・・2個
牛乳 ・・・・・・・・・・・・・大さじ2
オリーブ油 ・・・・・・・・・・大さじ2
米粉 ・・・・・・・・・・・・・・100g
ベーキングパウダー ・・・・・小さじ1
ピザ用チーズ ・・・・・・・・・・50g

作り方

1 アルミホイルとオーブンシートを合わせ、
　オーブンシートが内側になるように15×23cmの箱状の型をつくる。

2 カボチャは種とワタを取り、1.5cm角に切る。

3 耐熱皿に②を並べ、少量の水を振ってラップをゆるくかけ、
　電子レンジで2分加熱する。塩と黒こしょうを振って冷ます。

4 ハムは1cm角に切り、オリーブは輪切りにする。

5 ボウルに卵、牛乳、オリーブ油を入れて泡立て器で混ぜ、
　米粉とベーキングパウダーを合わせてふるい入れ、
　粉が見えなくなるまで混ぜる。

6 ③のカボチャと④を加えて混ぜ、①の型に流し入れる。
　表面を平らにしてピザ用チーズを散らし、塩と黒こしょうを振る。

7 180度に予熱しておいたオーブンで15〜20分焼く。
　冷めたら食べやすく切り分ける。

甘夏羹（かん）

材料（12切れ分）

甘夏柑 ・・・・・・・・・・・・・・ 2個
水 ・・・・・・・・・・・・・・・ 150ml
粉寒天 ・・・・・・・・・・・・・・ 2g
グラニュー糖・・・・・・・・・・・ 60g
サイダー・・・・・・・・・・・・ 100ml

作り方

1 甘夏柑は縦半分に切り、
  皮を破らないようにして果肉を取り出し、
  布巾で包んで果汁を搾る。

2 鍋に分量の水、粉寒天、グラニュー糖を
  入れて火にかけ、沸騰したら弱火にして
  混ぜながら2、3分煮詰める。

3 ②の粗熱を取り、①の果汁とサイダーを
  入れてひと混ぜし、①の皮に流して
  冷蔵庫で冷やし固める。

4 くし形に切り分ける。

草大福のように見えますが……
おもちは電子レンジでつくります

ブロッコリー大福

材料（6個分）

もち米 ・・・・・・・・・・・・・・1カップ
ブロッコリー（茎を除く）・・・・80g
小豆あん ・・・・・・・・・・・・・180g
水 ・・・・・・・・・・・・・・・1/2カップ
砂糖 ・・・・・・・・・・・・・・・大さじ2
片栗粉 ・・・・・・・・・・・・・・・適量

作り方

1 もち米は洗って4倍ぐらいの水につけて5、6時間おく。

2 ブロッコリーは小房に分けてゆで、水気をきる。
  粗熱がとれたら細かいみじん切りにする。

3 小豆あんは6等分して丸め、ラップをかけておく。

4 ①の水気をきり、分量の水とともにミキサーにかける。

5 耐熱ガラスのボウルに④を入れ、砂糖を混ぜる。ラップをかけて
  電子レンジで3分加熱する。

6 いったん取り出してへらで混ぜ、
  さらに3分加熱して取り出し、
  よく練り混ぜる。

7 ⑥に②をむらなく混ぜる。

8 片栗粉を敷いたバットに⑦をあけ、
  手でちぎって6等分する
  （熱いので注意）。

9 粗熱がとれたら手のひらにのせて
  丸くのばし、③を包む。

料理研究家　東海林 明子

天使女子短期大学栄養科卒業。栄養士、ワインコーディネーター。さまざまな料理教室の講師を務め、テレビやラジオへの出演、新聞や企業のＰＲ誌、フリーペーパーなどにレシピ提案。さらに企業や飲食店のアドバイザーや料理コンテストの審査員といった食に関わるさまざまな仕事を手がけている。近年は子どもたちに料理を教える機会も多い。札幌市在住。
著書に「おいしいもの　たべようよ」2006年、「おいしく　のもうよ」2008年（いずれも共同文化社）がある。

構成・編集・文　土門 雅子
撮影　　　　　　大滝 恭昌
スタイリング　　信太 悦子
デザイン　　　　森 正枝（株式会社自然農園）
制作協力　　　　小林 仁司
　　　　　　　　東海林 信太朗
　　　　　　　　東海林 香央里
　　　　　　　　東海林 真
　　　　　　　　東海林 樹
　　　　　　　　開陽窯（中標津町）

東海林 明子　おいしく つくろうよ

発　行　2021年6月14日
著　者　東海林 明子
発行所　株式会社 共同文化社
　　　　〒060-0033　札幌市中央区北3条東5丁目
　　　　TEL.011-251-8078
　　　　http://kyodo-bunkasha.net/
印　刷　株式会社 アイワード

ISBN978-4-87739-354-0